AF410883

LES FÊTES
DE L'HIMEN
ET DE L'AMOUR;
OU
LES DIEUX D'ÉGIPTE,

BALLET - HÉROÏQUE,

Donné à Versailles le quinze Mars 1747,

Représenté, pour la premiere fois,

PAR L'ACADÉMIE-ROYALE
DE MUSIQUE,

Le Mardi 5 Novembre 1748,

Remis au Théâtre en Juillet 1754, & le Mardi 4 18. Juin 1765.

PRIX XXX. SOLS.

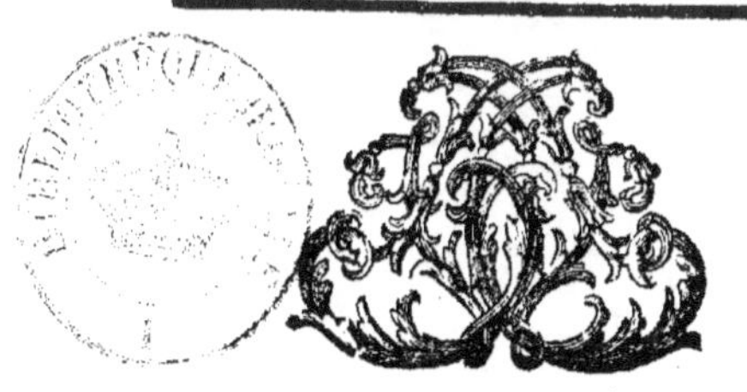

AUX DÉPENS DE L'ACADÉMIE.

A PARIS, Chés DE LORMEL, Imprimeur de ladite Académie, rue du Foin, à l'Image Sainte Genevieve.

On trouvera des Livres de Paroles à la Salle de l'Opera.

M. DCC. LXV.

AVEC APPROBATION ET PRIVILEGE DU ROI.

Le Poëme est de feu Monsieur DE CAHUSAC.

La Musique est de feu Monsieur RAMEAU.

ACTEURS CHANTANTS

DANS LES CHŒURS.

CÔTÉ DU ROI.		CÔTÉ DE LA REINE.	
Mesdemoiselles.	*Messieurs.*	*Mesdemoiselles.*	*Messieurs.*
Durand.	Gagnerie.	D'alliere.	L'écuyer.
Guillaume.	Chicot.	Lachantrie.	Albert.
La Croix.	Vaudemont.		Tourcati.
Fontenet.	Héri.	Sallaville.	Bourdon.
Delor.	Dolliger.	D'agée.	Cailteau.
Beauvais.	Labourdette.	Le Grand.	Chappotin.
Barrage.	Rose.	Jouette.	Feret.
Thévenot.	Robin.	Denartrebe.	Du Perrier.
Desrosieres.	Antheaume.	Adélaïde.	Boi.
Héri.	Méon.	Favre.	Laurent.
	Botson.		Quantin.
			Cavalier.

A ij

PREMIERE ENTRÉE.

OSIRIS.

OSIRIS, *étant bien né bienfefant & amateur de la gloire, affembla une grande armée, dans le deffein de parcourir la terre, pour y porter toutes fes découvertes... Lorfqu'il pâffoit par l'Éthiopie, on lui préfenta des Satires... Ofiris aimoit la joie, & prenoit plaifir au chant & à la danfe. Il avoit avec lui une troupe de Muficiens, & neuf filles inftruites de tous les Arts.* Ainfi, Ofiris voyant que les fatires étoient propres à chanter, à danfer & à faire toutes fortes de jeux, il les retint à fa fuite. Car d'ailleurs il n'eut pas befoin de vaquer beaucoup aux exercices militaires, ni de s'expôfer à de grands périls, parce qu'on le recevoit par-tout comme un Dieu, qui portoit avec lui l'abondance & la félicité.* DIODORE de Sicile, Sect. Ire. Art. IX.**

On a imaginé qu'un Peuple inftruit, refpirant l'amour & le plaifir, mis en fcêne avec un Peuple d'Amazônes fauvages, pouvoit produire un contrafte

---

* DIODORE & les autres Auteurs les appellent *les Mufes* ; ce font en effet les neuf filles à qui les Grecs ont donné ce nom.

** On fe fert de l'élégante Traduction de M. l'Abbé TERASSON.

agréable. L'exiftence, au refte (au même tems où vivoit Ofiris) d'un peuple d'Amazônes, telles à-peu-près qu'on les a peintes dans cette Entrée, eft fuffifamment juftifiée par la Fâble, & même par quelques Hiftoires. *

On a pris les principaux traits du caractere d'O-firis, de ces vers charmants de Tibule : * *

Primus aratra manu folerti fecit Ofiris ,
    Et teneram ferro follicitavit humum . . . .
Non tibi funt triftes curæ, nec luctus Ofiri :
    Sed chorus , & cantus , & levis aptus amor :
Sed varii flores, & frons redimita corymbis ,
    Fufa , fed ad teneros lutea palla pedes ,
Et tyriæ veftes , & dulcis tibia cantu,
    Et levis occultis confcia cifta facris , &c.

* Diod. Liv. 2. Art. 26 & 27 , & Liv. 3 , Art. 33.
* * Tibule , Liv. 1. Elégie 8.

ACTEURS CHANTANTS.

OSIRIS,   M^r. Legros.

ORTHÉSIE, *Reine d'un Peuple*

d'Amazônes sauvages.   Mlle. Dubois.

MIRRINE, *Amazône sauvage.*   Mlle. Duranci.

SUITES d'OSIRIS, d'ORTHÉSIE & de MIRRINE.

PERSONNAGES DANSANTS.

JEUNES ÉGIPTIENS ET ÉGIPTIENNES,

représentants le PRINTEMS.

M^r. LEGER, Mlle. JUSTINE.

M^{rs}. Gougi, Doffion, Martinet.

Mlles. Lahaie, Villette, Cornu.

*MOISSONNEURS, représentants l'*ÉTÉ.

M^r. LIONNOIS, Mlle. LIONNOIS.

M^{rs}. Leroi, Fay, Allard.

Mlles. Pagès, Mercier, Larie.

SATIRES & SAUVAGESSES, représentants

*l'*AUTOMNE.

M^r. D'AUBERVAL, Mlle. ALLARD.

M^{rs}. Trupti, Lieffe, Rivet, Lani, 2.

Mlles. Demiré, Saint Martin, Petitot, Gaudot.

PREMIERE ENTREE.
OSIRIS.

Le Théâtre repréfente , d'un côté & dans une partie du fond , des arbres de différente efpece ; de l'autre côté & dans l'autre partie du fond , des rochers & l'entrée de plufieurs cavernes.

SCÊNE PREMIERE.
ORTHÉSIE, MIRRINE.
MIRRINE.

IL faut vaincre , ou fubir un honteux efclavage.
Reine, ces mortels odïeux
Ofent braver notre courage,
Ils vont reparoître en ces lieux…
C'eft du nom d'Ofiris, leur chef audacieux,
Qu'ils font retentir le rivage.

LES FÊTES

ORTHÉSIE.

Mirrine, entendois-tu fes perfides difcours?...

Que ces mortels font redoutables !
Mon bras à mon repos doit immoler leurs jours.

Par des ferments invïolables,
J'ai promis à nos Dieux d'en terminer le cours...

Que ces mortels font redoutables !
Mon bras à mon repos doit immoler leurs jours.

MIRRINE.

Ce fexe ambitïeux n'afpire
  Qu'à nous affervir ;
Et c'eft pour ufurper l'empire
  Qu'il feint de vouloir obéir.

Il régnoit en ces lieux ; l'efclavage & les larmes
  Étoient le prix de nos appas.
Nos meres, en couroux, par un jufte trépas
  Vengerent les Dieux & nos charmes.

      CHŒUR

CHŒUR d'AMAZONES ſauvages, derriere le théâtre. ORTHÉSIE, MIRRINE, & leurs SUITES s'y joignent.

Aux armes .... Courons aux armes.
Haîne implacable, arme nos bras !

(Pendant ce CHŒUR, les AMAZÔNES ſauvages armées viennent en foule ſur le théâtre.

OSIRIS arrive en même tems, avec une Suite nombreuſe.)

SCÈNE II.

OSIRIS, ORTHÉSIE, MIRRINE,
SUITE D'OSIRIS, AMAZONES SAUVAGES.

OSIRIS.

N'Écouterés-vous que la haîne,
Quand je viens vous offrir la paix ?
Que craignés-vous, charmante Reine ?
On n'a point d'ennemis quand on a tant d'attraits ;
Et c'est l'Amour qui vous amene
Des cœurs soûmis & de nouveaux sujèts.

Que craignés-vous, charmante Reine ? *&c.*

ORTHÉSIE.

Téméraire, crains mon couroux…
Fuis. Nos Dieux & nos loix de ces lieux vous banissent.

MIRRINE, & les AMAZONES sauvages.

Qu'ils soient enchaînés, qu'ils périssent !
Frappons : qu'ils tombent sous nos coups !

OSIRIS.

Que vous connoissés mal le pouvoir de vos charmes !
Eh ! pourquoi recourir aux armes,

Pour nous donner des fers ?
La beauté fait votre partage,
Pour nos cœurs vous êtes l'image
Des Dieux qu'adore l'univers.

Volés, volés à la victoire,
L'Amour & la Gloire
Offrent à vos attraits un triomphe plus doux.

Volés, volés à la victoire,
Laissés régner l'Amour, l'univers est à vous.

ORTHÉSIE.

Aux douceurs d'un frivole hommage,
Nous savons préférer une noble fierté.
Nous trouvons en ce lieu sauvage,
La gloire dans notre courage,
Et le bonheur dans notre liberté.

Je vois tes soins comme un outrage :
Mon peuple avec moi le partage ;
Qu'esperes-tu de ta témérité ?

Nous trouvons, &c.

Va, crains la mort, ou l'esclavage.

OSIRIS.

Je guide un peuple généreux
Qui, sans la redouter, fuit l'horreur de la guerre.

B ij

Il met tout son bonheur à faire des heureux.
Son art, cher aux humains, orne, enrichit la terre ;
Il la rend, par ses soins, la rivale des cieux.
Partagés avec nous ses bienfaits précïeux.

ORTHÉSIE.

Qu'importent ces faux biens au cœur qui les ignore?
Crois-tu par leurs appas désarmer nos rigueurs?

OSIRIS.

Amour, tu peux fléchir les plus sauvages cœurs:
C'est pour ta gloire, Amour, qu'aujourd'hui je
    t'implore !

             (à sa Suite.)

Vous, qui suivés mes pas, offrés à leurs regards
Les présents de Cerès, de Pomone & de Flore,
    Et les fruits aimables des Arts.

PREMIER BALLET FIGURÉ.

*(Trois différents Quadrilles représentants le Printems,
l'Été, * & l'Automne, offrent à ORTHÉSIE,
toutes les especes de fleurs & de fruits.)*

---

* Les Satires de la suite d'OSIRIS & les SAUVAGESSES
représentent l'Automne.

SCÈNE III.

OSIRIS, ORTHÉSIE, SUITE D'OSIRIS.
SUITE D'ORTHÉSIE, ÉGIPTIENS
& ÉGIPTIENNES, *représentants les Saisons.*
CHŒUR D'AMAZONES *SAUVAGES,*
après le Ballet.

QUels doux parfums, quelles vives couleurs!

OSIRIS, *à* ORTHÉSIE.

Dans ces lieux la naissante Aurore
Répandra-t-elle en vain ses pleurs?
Zéphire, pour fixer ses volages ardeurs,
N'y trouvera-t-il jamais Flore?

Ce n'est que pour parer l'amante qu'il adore,
Que son souffle amoureux fait éclore les fleurs.

SCÊNE IV.

MIRRINE, & *les* ACTEURS *de la Scêne précédente.*

MIRRINE, aux AMAZÔNES.

PEuple leger, ton cœur cèsse d'être infléxible !

(A ORTHÉSIE.)

Une indigne pitié suspend votre couroux.
Ah ! dussé-je périr, je cours, s'il est possible,
D'un piége trop fatal vous sauver, malgré vous.

(MIRRINE *sort par le fond du théâtre.*)

SCÉNE V.

Les ACTEURS *de la Scêne précédente , & ceux du* BALLET *du premier Divertiſſement.*

SECOND BALLET.

Les mêmes Perſonnages du premier Divertiſſement , forment celui-ci.

On voit deſcendre un Pavillon , orné de guirlandes de fleurs , qui ſont , ainſi que le Pavillon , portées par des grouppes d'Amours.

Toutes les Amaẑônes ſauvages, que la crainte avoit tenues éloignées , accourent à ce ſpeĉtacle & rempliſſent un côté du théatre. Elles portent un javelot d'une main ; elles tiennent de l'autre des fleurs & des fruits dont les Aĉteurs du Ballet étoient chargés , & qu'ils ont abandonnés à ce Peuple ſauvage.

CHŒUR D'AMAẐÔNES SAUVAGES.

Quels objèts enchanteurs ? quels charmes inconnus ?
    Un Dieu ſeul a pu les produire.

ORTHÉSIE, *à part.*
    Ils m'étonnent , ſans me ſéduire ,
    Et je ne crains que ſes vertus.
(*Les Aĉteurs du Ballet ſortent.*)

SCÈNE VI.

OSIRIS, ORTHÉSIE , *& leur* SUITE.

OSIRIS, *en approchant d'*ORTHÉSIE.

Votre peuple, qu'inftruit la voix de la nature,
Semble oublier les ferments qu'il a faits.

ORTHÉSIE.

Ciel ! fufpendre nos coups eft peut-être un parjure ?

OSIRIS.

Ces barbares ferments offenfent vos attraits,
Et font pour les Dieux une injure.

Les Dieux ne nous donnent le jour
Que pour nous voir unis par les plus douces chaînes.
Ces nœuds charmants adouciffent les peines,
Et du plaifir, qui fuit, affûrent le retour . . . .

ORTHÉSIE.

Aux accents d'une voix fi tendre,
Le charme qui vient me faifir
Dans les airs femble fe répandre.
Aux accents d'une voix fi tendre,
On croit refpirer le plaifir . . .

Quelle

Quelle foiblesse, o ciel!... Hâte-toi de partir,
　　* Ou songe à te défendre.

OSIRIS.

** Non, frappés, ou cessés enfin de me haïr.

CHŒUR de la Suite d'OSIRIS.

A l'Amour tout doit rendre hommage,
Les plaisirs, le bonheur font le prix de nos vœux.

ORTHÉSIE.

Le trouble que je sens seroit-il son ouvrage !
Eh! quel est donc ce Dieu qu'on ignore en ces lieux?

OSIRIS.

Il regne en souverain sur toute la nature,
　　Elle se ranime à sa voix:
Les jours font plus sereins, l'onde devient plus pure,
Mille charmants concerts font retentir les bois:
Les fleurs naissent, les champs se parent de verdure:
Pour embellir la terre, il lui donne des loix.

(*On entend un bruit de guerre sauvage. On voit paroître
une troupe d'Amazônes sauvages, conduite
par MIRRINE.*)

* En levant le bras pour frapper OSIRIS.

** En s'offrant aux coups d'ORTHÉSIE.

C

SCÈNE VII.

OSIRIS, ORTHÉSIE, MIRRINE, & *leur* SUITE.

MIRRINE, & sa Suite fondant sur OSIRIS.

QUe notre serment s'accomplisse,
Qu'Osiris périsse !
Vengeons nos Dieux irrités.

ORTHÉSIE, *qui se précipite entre* OSIRIS
& MIRRINE.

O Ciel !.. Barbares, arrêtés !..

MIRRINE, & *sa Suite*.

Non, non, n'écoutons que la haîne.
Frappons.

ORTHÉSIE.

Barbares, arrêtés,
(*A SA SUITE*.)
Accourés à la voix de votre Souveraine ;
Défendés Osiris de leur rage inhumaine.

OSIRIS, ORTHÉSIE, CHŒURS *de leur Suite*.

Barbares, arrêtés,
Obéissés à votre reine.

(*MIRRINE est envelopée par la Suite d'ORISIS
& d'ORTHÉSIE.*)

ORTHÉSIE.

MIRRINE *défarmée*, *à* ORTHÉSIE.

Tu m'accâbles en vain, je fuis libre & tu fers.
Va, ton injuftice & mes fers
Sont moins à craindre que ta chaîne.
(*On l'emmene.*)

SCÊNE VIII.

OSIRIS, ORTHÉSIE, *& leur* SUITE.

OSIRIS.

Vous défendés des jours que j'offre à vos appas!
N'ayés plus d'allarmes:
Les jeux & les plaifirs, qui marchent fur mes pas,
Contre vous font nos feules armes.

ORTHÉSIE.

Eh! que feroit, fans toi, l'appareil qui te fuit?...
C'eft à la main qui les conduit
Que les plaifirs doivent leurs charmes.

O S I R I S.

Qu'entends-je ?.. Je trïomphe, & l'Amour eſt vainqueur !

O R T H É S I E.

L'Amour, en m'éclairant, commence mon bonheur.

O S I R I S.

Qu'à la voix d'Oſiris ces deſerts s'embelliſſent.
Rochers affreux, diſparoiſſés :
Volés, Zéphirs, volés ; aimables fleurs naiſſés :
Que, pour s'aimer toûjours, nos deux peuples s'uniſ-
fent.

(*Le fond du théâtre change, & repréſente une campagne
agréable.*) *On danſe.*

O R T H É S I E.

Heureux Oiſeaux, l'Amour embellit ces boccages :
Chantés ſon trïomphe avec nous ;
A nos voix joignés vos ramages.

Si vos chants ſont plus doux,
Nous ſerons moins volages
Et plus tendres que vous.

Heureux Oiſeaux, *&c.*

(*L'Entrée finit par une contre-danſe générale ſur le
chant des oiſeaux.*)

FIN DE LA PREMIERE ENTRÉE.

SECONDE ENTRÉE.
CANOPE.

ON célébroit en Égipte , vers le Solſtice d'Été , une Fête ſolemnelle en l'honneur du Dieu des Eaux. Ce jour de joie étoit enſanglanté par * le ſacrifice barbare d'une jeune fille.

Les Hiſtoriens rapportent que la célébre ville de Memphis fut ainſi nommée de la fille du roi , qui la bâtit , & les Égiptiens croyoient que cette princeſſe avoit été aimée du Nil. ** Ce Dieu étoit pour eux le plus redoutable. Ils penſoient ne devoir qu'à ſa puiſſance la fécondité ou la ſtérilité de la terre. Il avoit d'ailleurs obtenu , *** par l'artifice de ſes prêtres , la ſupériorité ſur le Dieu même des Chaldéens , auquel toutes les idoles des autres nations l'avoient cédée.

C'eſt ſur ces matériaux qu'on a imaginé cette Entrée. On a cru entrevoir dans ce fonds (s'il étoit bien traité) cet intérêt théâtral qui remue le cœur , quelques-unes de ces ſituations précieuſes , qui donnent une libre carriere au génie du muſicien, & un ſpeĉtacle , d'autant plus agréable, qu'il n'eſt, en partie, que l'image d'un des effèts ſurprenants de la nature.

* On ignore quand & pourquoi cet horrible ſacrifice fut inſtitué. Les Auteurs ſe taiſent encore ſur le tems & ſur les motifs de ſon abolition.

** Il naquit un fils de leurs amours, qui donna ſon nom à l'Égipte. Le Dieu du Fleuve, après avoir ſucceſſivement porté pluſieurs noms différents, retint enfin celui de Nil, de Nilée.

*** Ruffin , Hiſt. Eccléſ. liv. 11. chap. 26.

ACTEURS CHANTANTS.

CANOPE, *Dieu des Eaux*, M^r L'Arrivée.

AGÉRIS, *Dieu de sa Suite*, Mr Muguet.

MEMPHIS, *jeune Nimphe*, Mlle Arnould.

LE GRAND-PRÊTRE
du Dieu CANOPE, Mr Durand.

FLEUVES & NAÏADES.

UNE ÉGIPTIENNE, Mlle Dubrieulle.

ÉGIPTIENS.

ÉGIPTIENNES.

PERSONNAGES DANSANTS.
PRÊTRES ÉGIPTIENS.

Mr LYONNOIS.

Mrs Riviere, Lani, 1. Trupti, Lieffe, Rivet,
Fay, Allard, Langlois.

FLEUVES & NAÏADES.

Mr GARDEL, Mlle GUIMARD.

Mlle PESLIN.

Mrs Béate, Cezeron, Gougi, Doffion, Martinet,
Lani 2. Lani 3. Defpréaux.

Mlles Siane, Julie, Darci, Dorothée, Hugues,
Dauvilliers, Tourville, Dorange.

SECONDE ENTRÉE.
CANOPE.

Le Théâtre repréfente, des deux côtés fur les devants, un Payfage d'arbres chargés de fruits; dans le fond les caractères du fleuve d'Égipte, par derriere lefquelles on voit la chaîne de montagnes qui fépare l'Égipte de l'Éthiopie.

SCÈNE PREMIERE.
*CANOPE, AGÉRIS.
AGÉRIS.

L'Égipte dans ce jour croit vous rendre pro-
 pice,
En offrant fur ces bords un nouveau facrifice.
On choifit la victime, & le fang va coûler.
Cette fête cruëlle eft pour vous un outrage,
  La verrés-vous fans la troubler?

* CANOPE porte un habit de fimple Égiptien.

C A N O P E.

Mon âme eſt toute entiere à l'objet qui m'engage ;
L'Amour retient mon bras vengeur.
D'un vil peuple aveuglé, je dédaigne l'hommage,
Et je ne ſens que mon bonheur.

A G É R I S.

Un Dieu qui ſoûpire
Eſt ſûr d'être écouté.
Dans ſon hommage la beauté
Trouve tout ce qu'elle deſire.

Un Dieu qui ſoûpire
Eſt ſûr d'être écouté.

C A N O P E.

Juge mieux du beau feu que ma flâme a fait naître.
Memphis ne voit en moi qu'un mortel amoureux :
Sous le nom de Nilée, en m'offrant à ſes yeux,
Le Dieu ne s'eſt point fait connoître.

L'éclat de la grandeur ſuprême
N'a point touché l'objet dont je ſuis enchanté ;
L'éclat de la grandeur ſuprême
N'a point ſéduit ſa vanité ;
Quelle félicité !

Je

Je ne dois son cœur qu'à moi-même.
Il est tems de me découvrir …
Elle vient, & je vais jouïr
Du plaisir de combler les vœux de ce que j'aime.

(*A G É R I S sort.*)

SCÈNE II.

C A N O P E, M E M P H I S.

M E M P H I S.

AH! Nilée, est-ce vous? Je tremble, je frémis!..
Le sort doit aujourd'hui déclarer la victime.

C A N O P E.

Ce sacrifice n'est qu'un crime.

M E M P H I S.

L'Égipte le croit juste, & le Ciel l'a permis.
Un Dieu terrible nous menace.
Je l'ai vu cette nuit … Ce souvenir me glace.

C A N O P E.

Est-il des Dieux assés puissants,
Pour détruire un bonheur qu'avec vous je partage?

M E M P H I S.

Hélas! un doux sommeil avoit charmé mes sens.
Autour de moi les songes bienfesants.

D

LES FÊTES

Ne retraçoient que votre image...
Tout-à-coup le tonnerre éclate dans les airs,
La foudre perce le nüage...
Le Dieu s'offre à mes yeux, précédé des éclairs.

Le croiriés-vous? ce Dieu barbare
Sembloit avoir pris tous vos traits.
Il approche... mon cœur s'égare...
Je veux fuir ... la frayeur de mon âme s'empare,
Et le réveil détruit ces terribles objèts.

C A N O P E.

Un songe, qui cause nos craintes,
N'est souvent qu'un présage heureux.
L'instant où nous croyons l'Amour sourd à nos
plaintes,
Est l'instant qu'il choisit pour couronner nos feux,
Un songe qui cause nos craintes.
N'est souvent qu'un présage heureux.

Connoissés votre amant & n'ayés plus d'allarmes...

C H Œ U R derriere le théâtre, dans l'éloignement.

Quelle victime, o ciel!... Malheureuse Memphis!...

M E M P H I S.

Nilée, entendés-vous ces cris?...

Chœur derriere le théâtre, qui paroît s'approcher.

Dieu puissant, pardonne à nos larmes...
Quelle victime, o ciel! Malheureuse Memphis!

CANOPE.

Justes Dieux! c'est son sang qu'on ôseroit répandre!
Barbares!... C'est à moi, Memphis, à vous défendre.
Ce peuple odïeux va me voir.

(Il sort.)

MEMPHIS, cherchant à le retenir.

Où courés-vous? hélas! qu'ôsés-vous entreprendre?
Il va périr... Nilée!.. Il ne peut plus m'entendre...
Rien ne manque à mon désespoir!

SCÊNE III.

MEMPHIS, seule.

VEille, Amour, veille sur les jours
Du fidele amant que j'adore :
Vole Amour, vole à son secours,
C'est pour lui seul que je t'implore.

D ij

SCENE IV.

MEMPHIS, LE GRAND-PRÊTRE DU DIEU CANOPE, PRÊTRES, PEUPLES D'ÉGIPTE.

LE GRAND-PRÊTRE.

JE gémis des rigueurs du fort :
Memphis, l'Urne fatale a profcrit votre vie.

MEMPHIS.

Si je la perds pour la Patrie.
Frappe ! je ne crains point la mort.

BALLET FIGURÉ.

(*Les* PRÊTRES *du Dieu* CANOPE *élévent fur les bords du fleuve un autel de gâfon, & y placent tout ce qui eft néceffaire pour le facrifice.*

Ils entourent MEMPHIS *, & la parent de guirlandes de fleurs.*)

H I M N E

AU DIEU DU FLEUVE.

LE GRAND-PRÉTRE,

Alternativement avec les CHŒURS.

Dieu bienfefant, puiffent tes eaux fécondes
Se répandre à-jamais dans ces climats fereins. *
    L'Aftre du jour, fi tu ne le fecondes,
Fait en vain fur nos champs briller fes feux divins :
L'abondance ne fuit que le cours de tes ondes :
    Tu tiens, dans tes grottes profondes,
Les tréfors de la terre & le fort des humains.

  * Te propter nullos tellus tua poftulat Imbres,
    Arida nec pluvio fupplicat herba Jovi.
               Tib. Élég. 8. *du Liv.* I.

SCÊNE V.

(*On place la victime sur l'autel. Le Grand - Prêtre saisit le coûteau sacré. Il leve le bras .. Tout-à-coup le ciel s'obscurcit : Il part des cataractes , & du milieu du fleuve des éclats pareils à ceux du tonnerre. Les flots se soulevent , & forment un débordement formidable.*

On voit le Dieu, sur un char traîné par des crocodiles , s'élancer du haut des cataractes , jusqu'au milieu du fleuve. Il est entouré de toute sa Cour.)

LE DIEU CANOPE, *sa* SUITE *au milieu du Fleuve,*
MEMPHIS, *évanouie sur l'autel,*
LE GRAND - PRÊTRE,
PRÊTRES, PEUPLES D'ÉGIPTE.

CANOPE, *alternativement avec sa Suite.*	LE GRAND-PRÊTRE *avec les* PRÊTRES *& les* PEUPLES.
IMpétuëux torrents, D'un Dieu vengeur signalés la colere. Que la mort, pour punir la terre , Vole sur les ailes des vents.	Ciel ! o ciel ! quels débordements ! Tout périt ! Dieu terrible, appaise ta colere , Écoute nos gémissements.

C A N O P E.

Peuple aveugle, crois-tu m'honorer par un crime !
N'apprendras-tu jamais à connoître les Dieux ?
Fuis, & respecte la victime !
Entraîne loin de moi tes Prêtres odieux.

CHŒUR DE PRÊTRES ET DE PEUPLES.

Fuyons tous, fuyons tous.

(LES PRÊTRES & le PEUPLE fuient ; la Suite de
CANOPE descend sous les eaux, les flots se retirent.)

SCÊNE VI.

CANOPE, MEMPHIS, *évanouie sur l'autel.*

C A N O P E.

QUel spectacle touchant pour une âme sensible !
(Il descend du char.)

Belle Memphis, le ciel, l'onde, tout est paisible.
Un Dieu, qui vous adore, embrasse vos genoux.

M E M P H I S.

Quelle voix au jour me rapelle ?...
Où suis-je?.. Cher Nilée!. Ah ! quelle erreur cruëlle?.
Songe terrible ! hélas !.. Ciel ! en qui m'offrés-vous
Des traits & des accents si doux ?

CANOPÉ.

Memphis, n'en doutés point , c'est votre amant
lui-même.

MEMPHIS.

Vous trompés mes regards, sans surprendre mon
cœur...
Ah ! je ne vois qu'un Dieu, qui comble ma terreur,
Sous les traits de l'amant que j'aime.

Dieu redoutable, hélas ! laissés-vous désarmer;
Ne le punissés pas d'avoir charmé mon âme.
Tout doit vous attendrir en faveur de ma flâme,
Par vous-même cent fois j'ai juré de l'aimer...

Cher amant , je serai fidele ,
Dût le ciel en couroux m'accâbler de tourments :
A la face du Dieu, qui reçut mes serments ,
Ma flâme te les renouvelle.

CANOPE.

Vous pénétrés mon cœur de plaisir & d'amour.
Une erreur trop long-tems a causé vos allarmes.
Je vous vis fur ces bords, je brûlai pour vos charmes;
Sous le nom d'un mortel, j'esperai qu'à mon tour...

MEMPHIS.

Qu'entends-je ? o ciel ! quel heureux jour !

Mon

Mon cœur parloit en vain , & je n'ôſois le croire.

ENSEMBLE.

Vous m'aimés, je n'en puis douter.
Quel bonheur ! quelle gloire !
Tout ce qui pouvoit me flater
Embellit ma victoire.

CANOPE.

Vous, qui m'obéiſſés, accourés à ma voix ;
Venés, chantés mes feux, & célébrés mon choix.
Et vous, Peuples, ceſſés de craindre ma colere.
Venés, accourés à ma voix :
Nilée à Memphis a ſu plaire ;
Sous ce nom déſormais je vous donne des loix.

SCÊNE VII.

Le Dieu CANOPE, MEMPHIS, DIEUX ET NAÏADES
du Fleuve, PEUPLES ÉGIPTIENS *qui forment
le Divertiſſement.*

(*Entrée de la Suite de* CANOPE.)

UNE ÉGIPTIENNE, *à* MEMPHIS.

Votre bonheur ſuit vos allarmes,
Livrés-vous à tous ſes charmes
Quand tout vous prèſſe d'en jouïr.
Vos beaux yeux ne doivent s'ouvrir
Qu'à ces délicieuſes larmes
Qu'arrache à la tendreſſe un excès de plaiſir.

On danſe.

C H Œ U R.

Régnés, offrés-vous aux mortels
Sous des formes toûjours rïantes ;
Que vos images triomphantes,
Brillent ſur les mêmes autels.

FIN DE LA SECONDE ENTRÉE.

TROISIEME ENTRÉE.

ARUÉRIS ou LES ISIES.

ARUÉRIS, reconnu chés les Égiptiens pour le Dieu des Arts, étoit fils d'OSIRIS & d'ISIS. Plutarque, qui rapporte sa naiſſance extraordinaire, dit que ce Dieu fut le modele ſur lequel les Grecs firent leur Apollon.

Les Iſies ou Iſiennes étoient des fêtes célébres inſtituées en l'honneur de la Déèſſe ISIS, que les Égiptiens honoroient comme la Déèſſe univerſelle. ★ Les Hiſtoriens parlent de cette ſolemnité d'une maniere peu avantageuſe. Cependant les Égiptiens pâſſoient pour le peuple le plus ſage de la terre, & les Prêtres d'ISIS étoient, ſelon Diodore & Plutarque, des Philoſophes extrêmement rigides. Ces Fêtes, au reſte, étoient un miſtere impénétrable. Pauſanias raconte qu'un homme de Copte mourut ſubitement pour avoir voulu en révéler les ſecrèts. Ces particularités ont fait préſumer que, dans leur inſtitution, elles étoient telles, à-peu-près, qu'on les a miſes en ſcêne. Les reproches des Hiſtoriens ne tombent, ſans-doute, que ſur les abus qui s'y étoient gliſſés depuis. Ne peuvent-ils pas corrompre les établiſſements les plus reſpectables?

★ Elien, Hiſt. des Animaux, Liv. 10. chap. 23.
Apulée, Liv. 11. de ſes Métam.

ACTEURS CHANTANTS.

ARUÉRIS, *Dieu des Arts*, M. Legros.

ORIE, *jeune Nimphe*, Mme. Larrivée.

UNE BERGERE ÉGIPTIENNE, Mlle.Dubrieulle.

UN BERGER ÉGIPTIEN, M. Muguet.

PERSONNAGES DANSANTS.

ÉGIPTIENS & ÉGIPTIENNES.

M. VESTRIS, Mlle. VESTRIS.

M. LANI, Mme. GÉLIN.

M. D'AUBERVAL, Mlle. ALLARD.

M. GARDEL, Mlle. GUIMARD.

M^{rs}. Hiacinte, Trupti, Rogier, Dubois, Fay, Rivet, Lani 1, Lieffe, Lani 2, Defpréaux, Langlois.

Mlles. Demiré, S. Martin, Bâffe, Petitot, Gaudot, Grandi, Pagès, Lahaie, Villette, Mercier, Larie, d'Auvilliers.

TROISIEME ENTRÉE.

ARUÉRIS

OU

LES ISIES.

Le Théâtre repréfente un amphithéâtre de verdure ; à - travers le fond duquel on découvre une campa- gne rïante & fertile.

SCÈNE PREMIERE.

ARUÉRIS, *feul.*

L E bonheur de la terre eft le bien où j'afpire,
Les talents vont prêter des charmes aux loifirs :
J'affûre, en fondant leur empire,
Des armes à l'Amour, aux mortels des plaifirs.

Le Dieu des Arts eſt l'appui de ta gloire,
Tendre Amour, ſeconde ſes vœux ;
Éclaire l'objet de mes feux :
L'erreur qui le ſéduit balance ma victoire ;
Que ton flambeau brille à ſes yeux.

SCENE II.

ARUÉRIS, ORIE.

ORIE.

INgrat, pour les beaux-Arts votre amour ſe ſignale
Dans les Jeux que vous ordonnés.
Le prix dont vous les couronnés
Ne m'annonce que trop une heureuſe rivale.

ARUÉRIS.

Les talents, à-l'envi, par d'agréables jeux,
Vont célébrer d'Iſis la gloire & la naiſſance,
Et des vainqueurs, l'Amour doit combler tous les
vœux.
Je leur offre la récompenſe,
Qui peut ſeule être digne d'eux.

Les dons les plus brillants ſont votre heureux partage ;
Dédaignés-vous le prix qui leur eſt préſenté ?

O R I E.

Ces foibles dons fur la beauté
Doivent-ils avoir l'avantage ?

A R U É R I S.

A nos cœurs la beauté porte les premiers coups,
Son aimable empire fur nous
Trïomphe de l'indifférence ;
Mais à des traits plus fûrs , & peut-être plus doux ,
L'amour conftant doit fa puiffance.

O R I E.

Eh ! quels font ces traits précïeux ?
Leur pouvoir doit me faire envie,
Puifqu'ils font fi chers à vos yeux.

A R U É R I S.

L'art des talents , aimable Orie ,
Bannit l'ennui de nos loifirs.

Il faut , comme à la terre , à la plus belle vie ,
Ces charmes variés d'où naiffent les plaifirs.

Cette plaine vafte & féconde
Ne préfente à nos yeux qu'une froide beauté ;
Mais l'afur des cieux , répeté
Dans le criftal brillant de l'onde ,
Les bois , les valons , les côteaux ,
L'émail des fleurs & la verdure ,

Rendent toûjours rïant , par leurs divers tableaux,
Le fpectacle de la nature.

O R I E.

L'Amour fuffit aux cœurs qu'il fait bien enflâmer.

A R U É R I S.

Ah ! je vous aime Orie, autant qu'on peut aimer...

O R I E.

De ces jeux folemnels quel eft donc le miftere ?

A R U É R I S.

Souvent la fageffe des Dieux
Cache le bien qu'elle veut faire
Sous un voile miftérïeux.

O R I E.

Mais peut-être qu'aux loix d'un vainqueur odïeux...

A R U É R I S.

N'en recevés que de vous-même.

Entrés dans la carrière , embelliffés nos jeux.

Le trïomphe de ce que j'aime
Eft le feul qui manque à mes vœux.
Entrés dans la carrière , embelliffés nos jeux.

O R I E.

Je puis tout ôfer, pour vous plaire...
Ah ! c'eft vainement que j'efpere :

Mes

Mes talents négligés doivent trop m'allarmer.
Hélas ! quand leur fecours me devient néceffaire,
Je n'ai plus que celui d'aimer.

A R U É R I S.

C'eft le plus enchanteur ; lui feul les fait tous naître.

Eh ! que feroient les talents, fans l'Amour ?
Il les infpire, il les force à paroître,
Il leur prête fes traits, les place dans leur jour,
Et fa flâme eft leur premier maître.

(*On entend le prélude de la fête.*)

(*A O R I E.*)   (*à part.*)
On vient. Trïomphe Amour ; diffipe fon erreur !

(*O R I E fort.*)

SCÊNE III.

ARUÉRIS , ÉGIPTIENS *chantants & danfants.*
(*E N T R É E D'É G I P T I E N S E T D'É G I P T I E N N E S,*
qui viennent difputer le prix des arts , & des talents.)

A R U É R I S.

Vos plaifirs & votre allegreffe
Sont pour Ifis l'encens le plus flateur ;

F

 LES FÊTES

Que sa gloire & votre bonheur
Éclatent dans les jeux que j'offre à la Déèsse.

(*A R U É R I S se place sur un trône.*)

H I M N E *à* ISIS, *pour le prix de la Voix.*
U N **BERGER ÉGIPTIEN.**

Brillés, sons enchanteurs, & volés jusqu'aux Cieux :
De la divine Isis célébrés la mémoire.

L E **C H Œ U R.**

Que les échos de cet empire heureux,
Retentissent de sa gloire.

PREMIER BALLET FIGURÉ.

(*Les Égiptiens dansants disputent, sur différents airs,
le prix de la Danse.*)

A I R S PARODIÉS DU BALLET,
pour la dispute du prix de la Voix.

U N E **BERGERE ÉGIPTIENNE.**

L'amant que j'adore
Alloit former de nouveaux nœuds ;
J'entendis des oiseaux heureux
Les chants amoureux ,
Au lever de l'aurore.

J'imitai leurs accents ,

Mon amant courut pour m'entendre,
Mes fons touchants
L'ont rendu fidele & plus tendre,
Je dois mon bonheur à mes chants.

(*On continue le Ballet.*)

U N **B E R G E R   É G I P T I E N ,**
jouant de la mufete.

Ma bergere fuyoit l'amour ;
Mais elle écoutoit ma mufete.
Ma bouche difcrette
Pour ma flâme parfaite ,
N'ôfoit demander du retour.
Ma bergere auroit craint l'amour ;
Mais je fis parler ma mufete.
Ses fons, plus tendres chaque jour,
Lui peignoient mon ardeur fecrette :
Si ma bouche étoit muëtte ,
Mes yeux s'expliquoienr fans détour.
Ma bergere écouta l'amour ,
Croyant écouter ma mufete.

(*Le Ballet continue. Il eft interrompu par* O R I E.)

F ij

SCÊNE DERNIERE.

ARUÉRIS, ORIE *& les* ACTEURS
de la Scêne précédente.

O R I E.

POur entendre ma voix, Peuple, fufpends tes
jeux.

Naiffés du tranfport qui me prèffe,
Naiffés, accents harmonïeux.
Charmes du fentiment, divine & douce ivreffe,
Pâffés dans mes chants amoureux.

Enchantés l'amant que j'adore,
Sons touchants, fecondés mes feux.
Allés jufqu'à fon cœur, rendés plus tendre encore
L'amour qui brille dans fes yeux.
Sons brillants, hâtés-vous d'éclore,
Volés, foyés l'image des zéphirs.
Amufés l'amant que j'adore :
Volés, foyés l'image des zéphirs.

Peignés le doux penchant qui les ramene à Flore,
Gardés-vous d'exprimer leurs volages foûpirs.

Qu'à-jamais mon amant ignore
Si l'inconſtance a des plaiſirs.

TOUS LES CHŒURS.

Ciel, quels accents !… Trïomphés, belle Orie ;
Remportés le prix de la voix.
Loin de nos cœurs les tourments de l'envie !
L'amour ſeul nous donne des loix.

ARUÉRIS, avec LES CHŒURS.

Trïomphés, belle Orie ;
Remportés le prix de la voix.

ARUÉRIS.

A l'objet de vos vœux vous allés être unie ,
Et ſa félicité ne dépend que de vous.

ORIE.

A l'Amour je dois ma victoire.
C'eſt pour lui dans ces jeux que jai cherché la
gloire,
Et c'eſt de votre main que j'attends un époux.

ARUÉRIS, en lui offrant la main.

Je partage le prix d'un trïomphe ſi doux !
Et vous, Peuple aimable ,
L'Himen va couronner vos efforts généreux.
Venés , qu'une chaîne durable

* Il donne à ORIE une Couronne de mirthe.

Vous uniffe & vous rende heureux.

SECOND BALLET FIGURÉ.

(Tous ceux qui ont difputé les différents prix des Arts forment ce Ballet.)

A R U É R I S, alternativement avec *O R I E*
& LES CHŒURS.

Himen, c'eft le jour de ta gloire,
Vole, allume tes feux au flambeau de l'Amour.
Qu'à-jamais de cet heureux jour
Les jeux & les plaifirs confacrent la mémoire,
Himen, c'eft le jour de ta gloire,
Vole, allume tes feux au flambeau de l'Amour.

(Un Ballet - général termine l'Opera.)

F I N.

A P P R O B A T I O N.

J'Ai lu, par ordre de Monfeigneur le Vice - Chancelier, une nouvelle Édition du Ballet *DES FESTES DE l'HIMEN*. A Verfailles ce 12 Mars 1765,

DEMONCRIF.